ORAISON FUNEBRE
DE TRES HAUT
TRES PUISSANT ET TRES AUGUSTE
PRINCE
LOUIS XIV.
Roy de France & de Navarre

surnommé LE GRAND

Prononcée dans l'Eglise Cathédrale de Strasbourg
le 18. Novembre 1715.

Par le R. Pere LOUIS LAGUILLE
de la Compagnie de Jesus

Pendant le service solemnel célébré par ordre du Grand Chapitre

A STRASBOURG,

Chez la Veuve de MICHEL STORCK, Imprimeur de Monseigneur l'Evêque
& du grand Chapitre, 1715.

ORAISON FUNEBRE
DE
LOUIS XIV.
Roy de France & de Navarre

Magnus fuit secundùm nomen suum, maximus in salutem Electorum Dei.

Il a été Grand, suivant le nom qu'il portoit; & tres Grand par rapport au salut des Elus. *Ecclesiasti.* XLVI. 1. 2.

TEL fut ce Héros d'Ifraël, si fameux dans les livres divins; on vit les fleuves s'ouvrir en sa préfence, pour faire un paffage à fes troupes, on vit les murs des plus fortes villes tomber au bruit de fes trompettes, les Rois alliez & les Nations enne-mies ceder à la force de fes armes, & les Souverains venir en fupplians implorer fa clémence. Tous ces prodiges méritèrent à Jofüé le nom de Grand, *Magnus fuit fecundùm nomen fuum* : mais fon zèle pour protéger l'Eglife de Dieu, fa fermeté pour en foutenir les faintes loix, & fon infatigable attention, pour avancer le culte de celuy qu'il adoroit, toutes ces vertus élevèrent Jofüé, au deffus de tout ce qu'il y a de plus grand fur la terre. *Maximus in falutem Electorum Dei.*

Sous l'image de ce faint conducteur du peuple choifi, ne reconnoiffez-vous pas l'Augufte Monarque que nous pleurons, & dont l'Etat & l'Eglife n'arroferont jamais affez les cendres, de leurs larmes. Quelles Nations étrangères, quels peuples ennemis, revenus à préfent de leurs injuftes préventions ne s'accordent pas avec fes propres fuiets, à rendre hommage à fes vertus? Provinces entières ajoutées à fon Empire, un nouveau monde affuietti à fa famille Royale, paix accordée à toute l'Europe, autrefois liguée contre luy, font d'éclarantes voix, qui publieront les Grandeurs de ce Héros: Mais fans fortir de cette Province & de cette illuftre Ville, ou il a ramené la Religion profcrite, fans aller au delà de l'enceinte de ce temple enrichi de tant de monumens de fa piété, & que fon zèle a ouvert à tant de Fidelles, ne voiton pas de fenfibles témoignages, que fi tous les peuples ont admiré dans LOUIS Le GRAND les éminentes qualités, qui forment les plus grands Roys: la Religion

& l'Eglife doivent honorer dans luy les vertus, qui fan-
ctifient les Rois véritablement Chrêtiens ? Déja je m'af-
fure, que vous convenéz de la vérité de cet Eloge, que
je confacre à la mémoire de TRES PUISSANT, TRES IN-
VINCIBLE ET TRES AUGUSTE PRINCE, LOUIS XIV. fur-
nommé LE GRAND, ROY DE FRANCE ET DE NAVARRE.
Peut-on penfer à ce qu'il a fait, pour la gloire de fon
Etat, fans avoüer, que jamais Roy n'a fçu régner avec
plus de Grandeur ? *Magnus fuit fecundùm nomen fuum.*
Et fe fouviendra-t-on jamais de ce qu'il a fait pour la
Religion & pour l'Eglife, fans reconnoitre en luy tout
ce qu'on peut attendre de plus grand, d'un Roy tres
Chrêtien. *Maximus in falutem Electorum Dei.* voilà le
plan de ce difcours, ou votre piété & votre reconnoif-
fance femblent eftre intéreffées; c'eft fur ce titre, que
j'efpêre, que vous écouterez avec bonté le peu, que je
diray des qualités Royales, & des vertus Chrêtiennes
d'un grand Roy, infiniment fupérieur à tout ce que
l'éloquence humaine en pourroit jamais dire.

LES Rois, qui font les images de Dieu, qui tiennent I. Partie.
icy bas fa place, & qui ont reçu de luy l'autorité & la
puiffance, ces Dieux forts de la terre, comme parle Pfal. 46. 10.
l'Ecriture, font plus Grands à mefure, qu'ils participent
plus aux perfections du Maitre fuprème, à qui ils font
redevables de toute leur Grandeur.   Or Dieu nous ap-
prend luy même, qu'il eft la fource de la Sageffe, & que

 la force eſt ſon partage, *meum eſt conſilium, mea eſt fortitudo.* Adorons ces attributs infinis ; mais j'oſe dire, que nous trouvons dans LOUIS le Grand des traits bien marqués de ce caractère de la Divinité même. Sageſſe, conſeil, ſublime intelligence, ces vertus, qui forment un Grand Roy pendant la paix : Force, magnanimité, valeur invincible, qualités héroiques, qui comblent de gloire un Roy pendant la guerre, ſe trouvent toutes réünies dans le Grand Monarque, pour qui nous venons icy redoubler nos vœux & offrir la ſainte victime. Ecoutez, MESSIEURS, & voyez dans LOUIS LE GRAND la grandeur des dons de Dieu.

Dés qu'il fut monté ſur le throne, la Sageſſe de Dieu voulant changer le deſtin de l'Europe, & donner l'aſcendant à LOUIS ſur les Puiſſances, qui depuis long-temps inquiétoient nos frontières, ſembla dés-lors accomplir en ſa faveur la promeſſe, qu'il avoit faite autrefois à Joſüé. *Je ſeray avec vous & je vous ſerviray de guide.* En effet dans un âge, ou les lumières manquent, ou l'expérience ne fournit aucun conſeil, ou la raiſon eſt à peine développée, LOUIS dirigé par la Sageſſe de Dieu, déconcerte les deſſeins & les redoutables efforts de ſes ennemis. L'Eſpagne fière de ſes longs ſuccez, & s'aſſûrant ſur ſes vieilles Bandes, dont les approches portoient par tout la terreur, les voit devant Thionville &Rocroy pour jamais diſſipées ſans reſſource. A peine l'ennemy dû déhors est abbatu, que le trouble & la guerre percent au cœur de l'Estat; mais l'étoile de LOUIS calme bientôt l'orage; le throne est affermi; le sang reprend son cours naturel, Celuy ; que la fatalité des temps avoit séparé, se réunit, & consacrant ses travaux héroïques à la gloire de LOUIS, devient le plus invincible défenseur de sa couronne. L'Allemagne plongée dans les horreurs d'une guerre, que les différents de Religion avoit rendüe si sanglante & si longue, inspirée de regarder LOUIS comme son Ange de paix, le fait l'Arbitre de sa destinée; la Sagesse de Dieu, qui rend éloquentes les paroles des Enfans, regle tout, arrange tout, réconcilie tous les esprits de ce vaste Empire; & le jeune Roy, sans avoir encore mis en œuvre sa vertu guerrière, attache pour jamais à son Etat les trois Evêchés & l'Alsace; glorieuse conqueste de la Sagesse naissante de LOUIS, parlons plus juste, insigne bienfait de la Sagesse de Dieu, qui vouloit estre le guide & le conducteur de ce Monarque.

Linguas infantium fecit disertas sap. 10. 21.

Espérances de l'ennemi frustrées, troubles domestiques appaisés, paix procurée à tout l'Empire, dés que LOUIS commence à régner; quels présages des prodiges de Sagesse; que toutes les Nations devoient admirer dans le cours de son régne!

David transporté d'un saint étonnement, s'écrioit autrefois, que Dieu avoit tout fait avec Sagesse; &

que la Terre & la Mer rendoient de magnifiques témoignages à l'intelligence infinie de l'ouvrier, qui les avoit
formées. *Omnia in sapientia fecisti.* A Dieu ne plaise,
que j'ose comparer l'humble serviteur au Maitre Souverain, devant qui la puissance des Rois a toute la foiblesse
du néant; mais ne peut-on pas dire, que LOUIS choisi
pour estre l'instrument de la providence de Dieu, a fait
paroitre sa Sagesse, dans des entreprises, dont la Terre &
la Mer ont été également étonnées?

Avant luy la Mer abandonnée aux Nations étrangères, portoit chez nos voisins les richesses du Levant
& du Midy; mais LOUIS ayant sçu rendre ce fier élément
docile à ses ordres, on vit ses vaisseaux voler jusqu'aux
extrémités du Monde, pour en rapporter des trésors,
que notre commerce n'avoit pas encore connus. On
l'a veu creuser de nouveaux ports, pour servir de retraite à nos marchands, & forcer les rivières de s'élever à la cime des montagnes, pour joindre des Mers,
que la nature avoit séparées.

Le commerce enrichit les Etats, les arts les font
fleurir: or quel siecle vit jamais de plus habiles Mai-
tres, que ceux qui ont paru sous le régne de LOUIS?
ces arts, qui plaisent à l'esprit, qui enchantent les oreil-
les & les yeux, ces arts, qui imitent & ornent la nature,
qui perpétuent sur le marbre la mémoire des Héros, &
rendent leur nom aussi immortel que le bronze; ces

arts,

arts, que Rome autrefois envioit à la Grêce, ont femblé renaitre de nos jours ; de rares Génies foutenus par la magnificence de LOUIS, & plus encore animés par un figne de fon eftime, ont attiré chez nous tous les peuples , qui regardant la France comme l'école de l'habileté & de la politeffe rendoient hommage à la Sageffe de celuy, qui avoit fçu donner à fes fujets du gout & de l'amour, pour ce que les arts ont de plus excellent.

Mais LOUIS avoit appris du plus fage des Rois, que ce n'eft pas le commerce , que ce ne font pas les arts , mais que c'eft fur-tout la juftice, qui affermit un Etat. *Juftitiâ firmabitur thronus ejus.* Il fçavoit , que dés Prov. 25. 5. qu'on y fouffre l'iniquité, le trouble s'y gliffe, la misère s'y répand, & l'oppreffion l'inonde de larmes ; delà cette précaution, qu'eut le Roy dés le commencement de fon Régne, d'inftruire les Juges de leurs devoirs, de leur marquer la route, qu'ils devoient fuivre, & de les mettre en garde contre la chicane & l'impofture , trifte, mais ordinaire reffource de l'injuftice. Ainfi Théodofe, ainfi Juftinien illuftrèrent leur mémoire , par de femblables monuments de leur Sageffe.

Hâtons nous dans un fujet immenfe ; & contentons nous d'admirer la Sageffe de LOUIS LE GRAND, qui d'un oeil habile fçut tant de fois percer les voiles, dont la Politique ennemie vouloit envelopper fes deffeins, il fçut prévenir leurs entreprifes, dés qu'ils les avoient conçües,

C

& faire échouer leurs rufes , presqu'en les devinant : Talent, que le Ciel n'accorde qu'aux Sages Rois. *Divina-* Prov. 16. 6. *tio in labiis Regis.*

Icy fouvenez vous M. de tout ce que la politique des Nations alliées, a de nos jours entrepris contre nous; on les a veües, lors qu'Elles tenoient à LOUIS un langage de paix, former de fecrêtes ligues au delà du Rhin, & fe préparer à renverfer le France , par des fe-couffes imprévces , femblables à celles, que la Terre en colère , comme parle le Prophête , ou fi vous vou-lez , que des feux cachés dans fes entrailles, donnent à Pfal. 34. 20. des Régions entières. *In iracundia terra dolos cogita-bant.* Mais leurs artificieux projets ne purent échapper à la prévoyance de LOUIS, il les prévient & les décon-certe. On les a veües foulever les peuples jusques dans le cœur de l'Etat, ébranler nos montagnes du Viva-rez & des Cévennes : mais la Sageffe de LOUIS fçut cal-mer ces mouvements, & rappeller la paix & l'ordre dans les lieux, ou l'ennemi prêtoit fecours à l'erreur, pour y entretenir la révolte & le trouble. On les a veües en-flées de leurs victoires, attacher le retour de la paix à des conditions que l'humanité même réprouvoit , & n'ouvrant les yeux, qu'à la feule paffion de nous accabler, ne vouloir pas même profiter des conjonctures , ou l'amour de fon peuple faifoit presque oublier à LOUIS, ce qu'il devoit à fa propre Grandeur ; mais ce Prince

Sage pliant en apparence, préparoit en même temps un écüil aux Nations ennemies ; ses offres faisoient naître entre elles une jalousie secrète, qui devoit bientôt les diviser & ouvrir à la paix de plus heureuses routes.

Quels prodiges la politique de notre Monarque n'a-t-'elle pas operés en Espagne & en Angleterre ? par quel admirable ressort les Grands, & le peuple d'Espagne, le Roy même de tant de Royaumes séparés par de si grands intervalles, se trouvent-ils réünis, par un consentement unanime & général, à recevoir un Souverain des mains de LOUIS LE GRAND? on les voit tous regarder celuy, dont le nom avoit autrefois porté chez eux la terreur & l'effroy, le regarder, dis-je, comme l'Ange de leur conseil, & le rendre l'arbitre de leur sort. Quoy! cette vaste Monarchie, dont tous les siécles ont vanté la fermeté & la prudence, change de sentiment & d'inclination, tourne au gré de la Sagesse de LOUIS, concourt à ses desseins, & fait retentir la gloire de son nom au bruit des transports, que la joye inspire dans les plus heureux événements. Est il rien de plus Grand?

Mais quel prodige ! & devions-nous nous y attendre? l'Angleterre, à la quelle tenoit le nœud fatal, qui unissoit tant de Princes, cette Nation puissante & belliqueuse, de tout temps rivale de la France, & qui s'étoit rendüe par sa valeur l'ame de la ligue formée contre nous; c'eft cette Nation que LOUIS entreprend de détacher: & quand? dans un temps, ou la victoire fembloit s'etre affervie aux défirs des Alliez, dans un temps, ou l'ennemy fe promettoit, de n'avoir plus qu'un pas à faire, pour s'enrichir de nos dépoüilles & fe partager nos Provinces : c'eft dans ce temps; ou la Sageffe du Roy rompt enfin le bandeau, qui cachoit à l'Angleterre fes véritables intérefts: furprife de s'etre épuifée fi long-temps, pour être l'inftrument des paffions d'autruy, elle fe réconcilie, & ne refpire plus qu'aprés la paix. Graces vous en foient rendües, Seigneur, vous nous avez enfin accordé cette Paix tant défirée ; Utrecht luy a ouvert fon fein , Raftat & Baden n'ont pas tardé à la recevoir. Que fais-je ! il femble que je ne m'attache, qu'aux derniers ouvrages des confeils de LOUIS ; comme fi la Sageffe ne l'avoit pas dirigé dans tout le cours de fon régne. Remontons aux Pyrénées, paffons à Nimegue & à Ryfwick, par-tout la Paix qu'il accorde, mérite à LOUIS les mêmes éloges, parceque par-tout elle donne un nouvel éclat à fa gloire, & de nouveaux avantages à fon Empire : par-tout fes ennemis d'accord avec fes propres fujets, ne tiennent plus qu'un même langage: tous admirent la profondeur de fes confeils, dont le fecret eft impénétrable, fes précautions infinies pour cacher fes deffeins aux ennemis , & prévenir les leurs, l'étendüe de fon intelligence, ou fes Miniftres

niftres alloient eux mêmes puifer leurs lumières ; l'im-
mobilité de fes réfolutions, qui banniffoit de fes confeils ces variations & ces incertitudes, qui portent le
trouble, en voulant mettre l'ordre, la jufteffe de fes
veües, d'un coup d'œil il découvroit le point, ou il fal-
loit aller, & la route qu'on devoit tenir ; fa fermeté d'a-
me, que des revers impréveus ne pouvoient altérer ; fon
habileté à temporizer dans l'adverfité & à fe relacher à
propos dans la profpérité, pour amener les efprits à une
glorieufe Paix : voilà au fentiment des Nations affem-
blées dans les derniers congrez, ce qui donnoit à la Sageffe de LOUIS LE GRAND une fupériorité digne de
l'admiration de tous les peuples. Tous convenoient,
que foit, que LOUIS marchat dans les routes, de la gloire,
ou dans celles de la Paix, par-tout fes pas & fes confeils étoient dirigés par la Sageffe, qui peut feule con-
duire à la gloire & frayer les voyes à la Paix, comme
le remarque Salomon, *Via ejus via pulchra & omnes* Prov. 3. 17.
femita illius pacifica.

LOUIS n'a pas toujours marché dans les routes de
la Paix ; la jaloufie des Nations, les droits de fa couronne, ou plutot la juftice de Dieu, qui vouloit punir nos
crimes, ont à diverfes reprifes troublé le repos de la
France ; mais les horreurs de la guerre n'ont fervi, qu'à
donner un nouvel éclat à la gloire de LOUIS LE
GRAND, & plus de grandeur à fon Empire. Il en eft ré-

devable à fon Dieu, à qui feul appartient la puiffance
& la force, *Mea eft fortitudo*; luy feul doit en être beni:
mais ce Dieu des armées a luy même fait l'éloge des
Guerriers, des Gédéons, des Jofués, de Davids, de
tous les Forts d'Ifrael, *Fortes facti funt in bello*. C'eft luy
qui a mis le glaive entre les mains des Rois. Pourquoy
donc craindrois-je, de retracer icy devant les autels du
Tout-puiffant, l'image des guerres, que LOUIS a foutenües, qui ont été fi glorieufes à fon nom & fi avan-
tageufes à la France,

Hebr. II. 34.

Ouy M^rs. c'eft par fes vertus guerrières, la magnanimité, la valeur, vertus, qui font les Héros, que LOUIS
a fur-tout mérité le nom de Grand & c'eft par là que
fa Gloire n'eft pas moindre, que celle des plus Grands
Conquérants. Jugez-en par la rapidité & la multitude de fes victoires, le nombre & le mérite de fes ennemis, fa fermeté & fes reffources dans les difgraces.

Rappellez à ce moment le fouvenir de fes pre-
mières campagnes. Lille, qui couta depuis, quatre
grands mois à l'ennemy, cede en peu de jours à fa puiffance; & dés que cette digue eft rompüe, il inonde en
un mois, comme un Torrent, la Flandre, & la Hollande:
vingt-fept places tombent coup fur coup à fon afpect;
on diroit, qu'en fa faveur, fe renouvelle le prodige
fait autrefois pour Jofué, qui n'employa que le brüit de
fes trompettes, pour fe rendre maître de la redoutable

Jéricho. La Franche-Comté ne peut tenir plus ferme que les Provinces des Païs-bas. Maſtrick s'efforce envain de réſiſter, ſes remparts ouverts laiſſent bien-tôt une route au Vainqueur: Namur, Mons, Valenciennes, places capables d'épouvanter la valeur même, ſe rendent en la préſence de LOUIS; tout plie, tout tombe devant luy: là il animoit ſes troupes, icy luy même les conduiſoit au feu; au milieu des tonnères, qui menaçoient de toute part, dans ces endroits, ou les mourants & les morts entaſſez faiſoient voir l'horreur du péril, juſques dans la tranchée, LOUIS marchoit d'un pas intrepide, l'épouvante & la frayeur le ſuivoient; tous craignoient pour ſa vie, luy ſeul ne penſoit qu'à ſa gloire: helas! qu'elle nous eût couté cher, ſi le ciel n'eût plus d'une fois détourné les coups meurtriers, & ſi les cris & les prières de ſon armée n'avoient enfin arreſté la valeur de ce Héros.

Que fais-je? hé pourois-je vous marquer tous les lieux, ou LOUIS a cüeilli les lauriers, qui ont couronné ſon front? le détail en ſeroit infini. Il faudroit parcourir les Provinces & les Royaume mêmes, ou ſous ſes ordres nos troupes animées ont ſignalé leur bravoure: Pour abréger, ne comptons pas même les battailles, qu'elles ont gagnées; & que Seneff, Caſſel, Fleurus, Steinquerque & Nervinde ne trouvent qu'en paſſant place dans cet éloge. Ne ſuivons pas même les rives du Rhin, du Pô, du Ter, de la Meuſe & de l'Eſcaut, pour y marquer les endroits ſouvent teints du ſang de nos ennemis vaincus. Souvenez-vous ſeulement de ces Héros, qui durant près de cinquante ans ont conſacré à la gloire du Roy leurs travaux & leur ſang. Souvenez-vous des Condés, des Turennes, des Luxembourgs, des Créquis, des Vendomes, noms immortels, Guerriers, qui ſembloient eſtre maiſtres de la victoire, réuniſſez tous leurs faits glorieux, & penſez que LOUIS a été l'ame de leurs entrepriſes, le génie qui les animoit, l'intelligence qui leur donnoit le mouvement, le centre & le terme, ou doit ſe rapporter leur gloire.

Mais laiſſons à nos Hiſtoires à vous parler de ces Conquérants, qui ne ſont plus ; laiſſons au marbre & au bronze qui couvre leurs cendres, à vous raconter leurs victoires, le Ciel nous conſerve encore des défenſeurs de l'Etat, qui marchant ſur les traces de ceux qui les ont devancé, ont rendu à la gloire de LOUIS tout l'éclat, que des temps nébuleux ſembloient avoir obſcurci, n'en prenons à temoin que cette province, & paſſons ſous ſilence Le Quesnoy, Bouchain, Douay, Dénain même, terme fatal, que le Dieu, qui met des bornes à la Mer, avoit marqué pour mettre fin aux conqueſtes del'Ennemy. *Uſq, huc venies.* L'Alſace ſeule nous ſuffit, elle a veu les forces de l'Empire arreſtées

& dé-

Job. 38. 11.

& défaites fur le Spireback, & ce Prince, dont le grand
génie pour la guerre etoit fi digne dé la confiance des
Alliez, eft contraint à Fridelingue de ceder à la valeur de
ce fameux Guerrier, qui aprés d'autres grands exploits,
devoit enfin nous rapporter la paix : Elle a veu l'ennemy
la furprendre, & paffer le fleuve qui luy fert de deffen-
ce; deja chez elle la frayeur & la defolation etoit ré-
pandües, tout y etoit en allarme, & on craignoit d'y voir
bientôt tout en feu, deja des troupes choifies s'êtoient
emparées des bords du Rhin, lors qu'un de nos Gé-
néraux tombant fur elles, comme un foudre, les ren-
verfe & les défait, & ne laiffe pour toute reffource
à leur Chef, qu'une trifte & malheureufe fuite: delà
nous avons veu Landau & Fribourg, fortes barrières
qui empêchoient la paix d'avancer, fe confier envain
dans leurs rochers & dans leurs mines: il a fallu fe
rendre, & couronner le regne de LOUIS d'une gloire, que les temps n'effaceront jamais.

A l'afpect de tant de fuccez ne diffimulons pas,
que LOUIS n'a pas toujours triomphé, la victoire ne
fait pas feule les Héros; Jofüé, quoyque chef des armées de Dieu même, a été vaincu par des Princes
liguez contre luy. David célèbre par tant d'exploits,
s'eft veu fur le point d'être dépouillé de fes Etats:
on connoit mieux la force d'un rocher, quand il a ré-
fifté long-temps à l'impétuofité des flots, & celle

d'une tour, quand les machines, qui lancent & le fer &
le feu, n'ont pû la renverser par leurs coups redoublés:
la fortune & la vertu ne font pas des compagnes infé-
parables, & j'ose dire, que la vertu de LOUIS n'a
jamais paru plus héroïque, que lorsqu'il s'est veu aban-
donné de la fortune. Alors ses peuples admirêrent sa
force & sa grandeur d'ame; & ses ennemis furent éton-
nés des ressources, que sa puissance & sa sagesse faisoient
renaître. A peine avoient-ils gagné une battaille, qu'aus-
sitôt après ils voyoient de nouveaux combattants s'op-
poser à leurs progrez: la famine & le dérangement
des saisons venoient à leur secours, & sembloient entrer dans leur ligue: eux mêmes, comptans sur leur multitude & sur l'enchainement de leurs victoires pensoient
à reculer nos frontières jusqu'au cœur de la France, &
à laisser tout au plus à LOUIS l'héritage de ses Ayeux.
Mais ce grand Roy adorant la main de Dieu, attendoit
sans s'ébranler, le moment, que le Ciel avoit marqué,
pour mettre fin à ses épreuves. Il arriva ce moment heureux, & selon l'expression du prophête, tel qu'on voit
un famélique rêver pendant le sommeil, qu'il a con-
tenté sa faim & à son réveil s'appercevoir, qu'il ne
s'est repû que d'illusions & de rêveries, telle a été la
multitude de ces peuples, qui avoient pris les armes
contre la France, que le Seigneur a protégée comme
la chère Sion. *Sic erit multitudo omnium gentium, quæ di-*

micaverunt contra montem Sion. Telle a été l'iſſuë des grands deſſeins de nos ennemis; renfermés dans leurs anciennes frontières, ils ſont forcés d'applaudir à la gloire de LOUIS; cette gloire l'auroit peu touché, ſi ſes grands exploits n'avoient été ſuivis du bonheur & de l'avantage de ſes propres Etats.

Parlez icy fières & puiſſantes Nations, qui tant de fois avez menacé d'envahir la France, avez-vous jamais pû l'entamer? vous qui quittiez avec tant de confiance les bords de la Tamiſe & du Danube, à deſſein de venir cüeillir les fruits délicieux des rives de la Seine, avez-vous empêché nos laboureurs, de cultiver leurs champs? Tandis que nos voiſins voyoient leurs maiſons en proye, & leurs villes livrées au pillage, la France en ſureté goutoit les douceurs du repos, c'etoit le jardin de délices, dont le Génie de LOUIS, ou plutôt l'Ange de Dieu prenoit ſoin de fermer l'entrée. Si ſes peuples ſe ſont reſſentis comme tant d'autres, de l'indigence, que la guerre traine à ſa ſuite; ne doit-il en rien couter pour eſtre vainqueur, & pour ſe guarantir des invaſions, dont nous étions menacés? Dumoins l'ennemy ne s'eſt pas enrichi de nos tréſors ; & n'avons-nous pas une prompte & ſolide reſſource dans la ſageſſe du GRAND PRINCE, qui nous gouverne aujourd'huy & qui mérite par tant de titres, que l'Etat luy ſoit

confié? fon habileté, fon application, fon zèle fçau-
ront bientôt rouvrir les canaux de l'abondance, qui
nous ont paru fermés; deja nous fentons, que cet Auguste Prince, qui pour nous n'a pas épargné fon fang
dans la guerre, ne ménage pas fes foins & fes veilles, pour
nous faire goûter les douceurs de la paix. Enfin le
Royaume n'eft-il pas bien dédommagé de ce qu'il a
fouffert, par les glorieux avantages, qui ont été les
fruits des armes de LOUIS Le Grand?

Jettez à ce moment les yeux fur ces grandes, riches & fortes Provinces, qui nous environnent, &
que LOUIS s'eft affujetties: la Franche-Comté &
l'Alface nous font ignorer nos anciennes limites, &
font pour nous d'invincibles remparts. Ouvrez les
traités de Paix, lifez ce que l'Efpagne nous a cedé
au Midy & au Septentrion. Cambray, Lille, Valenciennes places formidables, qui faifoient trembler
nos ancéftres, concourent à préfent à notre défence.
Le Rhin & les forterefles qui le bordent, fixent
les efpérances de l'Empire, & cette puiffante ville,
ou jay l'honneur de parler, Strasbourg, qui vaut feule
prefqu'une Province, pouroit fuffire, pour nous faire comprendre la grandeur de la gloire de LOUIS,
& du bonheur du peuple, qui luy a été foumis.
Semblable à l'illuftre Machabée il a reculé nos frontières, *Dilatavit fines gentis fuæ.* Bati & fortifié des
places

places capables d'assurer à son peuple une heureuse tranquillité. *Constituebat eas, ut essent vasa munitionis.* Tous ces avantages procurés à son Etat, ont fait re- tentir jusqu'aux extrémités de la terre la gloire de son nom. *Quoadusq, nominatum est nomen gloriæ ejus, usq, ad extremum terræ.* 1. Machab. 14. v. 6. 10.

En dis-je trop? le Méxique & les Indes, ces peuples qui vivent sous un autre Ciel, & qui voyent d'autres Astres que nous, ne beniront-ils pas toujours avec nous la mémoire de LOUIS? ayant uni la France avec l'Espagne, par des nœuds aussi sacrés, que ceux du sang, l'une & l'autre luy seront à jamais redevables de leur bonheur : l'amitié & la reconnoissance faisant disparoître leur ancienne jalousie, ayant entre elles un commerce de confiance, parcequ'elles sont devenües l'apanage d'une même Famille ; nous irons chercher jusqu'aux extrémités du monde les trésors de cette nouvelle amie, & l'enrichir elle même du fruit de notre travail, & des biens que le Ciel luy a refusés. Ainsi ces deux grands Royaumes, que les titres de Catholique & de Très Chrètien rendent par dessus tous, dignes de n'être jamais desunis, sentant que leur bonheur est le prix de la Sagesse & de la Force de LOUIS ne cesseront pas de publier de concert, qu'il a mérité le glorieux nom de GRAND. *Magnus fuit secundùm nomen suum.* Ajoutons qu'il est encore plus Grand par

ſon amour & ſon zele pour la Religion & pour l'Egliſe
Maximus in ſalutem electorum Dei.

II. Partie.　UN ſaint Evêque des Gaules écrivoit autrefois à
Clovis, aprés que ce Prince eût reçu la grace du Bâ-
tême, que dans le haut rang qu'il occupoit, ſa piété
& ſa religion n'éclattoient pas moins, que ſa puiſſan-
ce. *Non minùs eminet ſanctitas, quàm poteſtas.* LOUIS
héritier de la foy de ce premier de nos Rois Chrètiens,
comme il l'a été de ſon Empire, a mérité, que non
ſeulement un Evêque, mais auſſi que toute l'Egliſe
publiat, que s'il a été Grand par ſes qualités Royales,
il l'eſt encore plus par ſes vertus Chrètiennes. *Non
minùs eminet ſanctitas, quàm poteſtas.* Jugez-en Mrs. par
ſon amour & ſon attachement pour la Religion, ſon
zele pour la défendre, & ſa fidélité à en pratiquer les
maximes les plus difficiles. Toutes ces vertus, qui
contribuent au ſalut des Elus, ont élevé LOUIS au deſ-
ſus de tout ce que le monde a de plus grand. *Maximus in ſalutem Electorum Dei.*

Avitus vienn. Tom. 1. Concil. Gall.

Sap. 6. 22.

O Vous Rois, dit la Sageſſe même, à tous les Mo-
narques de la Terre, ſi vous voulez vous aſſûrer un
Royaume ſtable & éternel, aimez la ſageſſe. *O Reges
populi diligite ſapientiam, ut in perpetuum regnetis.* Cette vraye ſageſſe eſt celle, que Dieu luy même nous
enſeigne par l'oracle de la foy, & dans l'école de la

Religion. Les Grands ont peine à écouter cette sage Maitresse, & plus rarement encore aiment-ils ses leçons qui les gênent, & leur font sentir qu'ils dépendent d'un Dieu, qui doit les juger & qui peut les punir. LOUIS ne tomba jamais dans ce mortel écüeil; il a eû ses foiblesses, disons même, que la passion l'entraîna dans des égaremens: mais vous, mon Dieu, qui regardâtes avec miséricorde David pécheur, parce qu'il aima votre sainte Loy, auriez vous pû refuser votre grace à l'amour, à l'estime, à l'attachement sincère, que LOUIS conserva toujours dans son Cœur, pour sa Religion, & les vérités qu'elle enseigne.

Mais quel fut cet attachement? je ne crains pas de le demander à ces hommes, qui ont toujours les yeux si ouverts, pour découvrir le foible du Prince qu'ils approchent, qui surveillent à toutes ses démarches, qui recüeillent jusqu'aux moindres de ses paroles, & qui cherchent à s'autoriser dans leur déréglemens, par l'exemple & les maximes du Maitre, qu'ils servent: ce sont eux, que j'appelle à témoins. Diront-ils, qu'il soit jamais échappé à LOUIS un trait, un mot, une raillerie, qui sentit l'impiété ou le libertinage? Ne diront-ils pas au contraire, que la probité & la vertu étoient des titres sûrs, pour avoir part à ses graces; que l'impiété luy faisoit horreur, que le vice n'osoit se déclarer à ses yeux, & qu'on perdoit égale-

ment son estime & sa confiance, quand on luy lais-
soit soupçonner, qu'on avoit peu de Religion? Ne
diront-ils pas, que dés le commencement de son régne, la Cour changea de langage, les juremens & les
blasphêmes, ces sacriléges expressions, qui insultent à
la Majesté de Dieu, & qui partent d'un cœur, ou la foy
est étouffée, ce langage de l'Enfer, qu'on regardoit
comme une politesse propre de l'audace d'un Guerrier &
de l'élévation d'un Grand, passa à la Cour de LOUIS
pour un langage grossier, honteux même, & qu'on ne
pouvoit tenir sans se deshonorer? Ne diront-ils pas,
que la modestie & le respect, avec lesquels on le voyoit
dans nos temples, son visage seul, & sa posture mode-
ste & humiliante, forçoient ses Courtisans, de se souvenir de leur Religion? Ne diront-ils pas, que lorsque les Ministres du Dieu vivant, chargés de luy an-
noncer les vérités du salut, avoient eu le courage de
luy faire sentir, qu'il étoit le vray coupable: ils méri-
têrent par là son approbation & ses éloges? ils ont
fait leur devoir, répondoit-il aux murmures de ses
Courtisans, efforçons nous de faire le notre. Mais avec
quels éloges ne parleroient-ils pas de sa fermeté à
arrêter la fureur des Duels? Fureur barbare, qui pas-
soit autrefois pour une bravoure nécessaire, ou pour
une épreuve de la valeur: Horrible loy, que la No-
blesse s'étoit faite, & que la présence même des

Rois

Rois avoit quelquefois autorisée. Coutume que l'in-
humanité payenne avoit inventée, & que le Chriftia-
nisme n'avoit pû abolir, qui avoit enlevé tant de
Braves à la France, & facrifié tant de victimes à
l'Enfer: cette loy, cette coutume a enfin cedé à la
religion & à l'autorité de LOUIS: on ne pouvoit
s'y affervir fans fe rendre criminel à fes yeux, fans
encourir fa difgrace, fans être pour jamais profcrit de
fa préfence.

Par combien d'autres loix n'a-t-il pas fignalé fon
amour & fon attachement pour la Religion? c'eft à vous
Miniftres du Seigneur, à qui j'en appelle à ce moment;
vous, qui fucceffeurs des Apôtres avez été choifis de Dieu Act. 1. 8.
pour être fes témoins. *Eritis mihi teftes.* Avez vous
jamais imploré l'autorité de LOUIS pour arrêter les
défordres, que vous ne l'ayez trouvé prêt à feconder
votre zele? Luy fuggêriez vous une œuvre ou la piété prît intèreft? fon cœur fe dilatoit, il ouvroit même
fes tréfors en votre faveur. Combien de faintes infti-
tutions n'a-t-on pas veu naître pendant le cours de fon
régne? combien de maifons établies, pour fervir d'azile
à l'innocence des Filles Chrêtiennes, d'écoles pour l'in-
ftruction de la jeuneffe, de remparts contre la féduction
de l'erreur? auroit-il pû oublier ces Guerriers, qui écha-
pés aux coups mortels, portent fur eux de triftes, mais
de nobles marques de leur bravoure? hé n'a-t-il pas

pourveu à leurs befoins même avec magnificence? Et plus encore a-t-il pris foin, que par la piété ils fe préparaf-fent une récompenfe mille fois plus grande, que celle, que la valeur peut mériter. Dans quelle Province n'a-t-on pas veu des Cloîtres rétablis & des Monaftères réformés? Et dans quel Diocéfe ne voit-on pas des demeures marquées pour de jeunes Eccléfiaftiques, ou fous la direction d'un fage & habile Maître, ils apprennent à devenir de dignes habitants du Sanctuaire, les domeftiques de Dieu & les Pafteurs du troupeau de Jefus Chrift? les regiftres publics annonceront à nos Neveux la part, que LOUIS a eü à tous ces érabliffemens, qui feront des monumens éternels de fon amour & de fon attachement, pour la Religion & pour l'Eglife.

Jofüé entrant dans la Terre promife donna le premier rang aux Prêtres, qui veilloient à la garde Jof. 3. 6. de l'Arche. *Tollite Arcam fœderis, & præcedite populum.* Par cette figure, on conçoit, que dans les voyes de Dieu les Miniftres doivent précéder le commun des fidelles, moins par leur dignité & leur caractère, que par la régularité & la fainteté de leur mœurs. LOUIS l'avoit compris, & delà fon attention infinie à faire choix des Pafteurs, à qui le troupeau du fils de Dieu devoit être confié; delà fa précaution à difpenfer les graces, dont l'Eglife l'avoit rendu dépofitaire; oferois-je dire, que fon exactitude en ce point fut en péril de donner dans quelque forte d'excez, & qu'il eut fouvent befoin du fecours de fa fageffe, pour fe raffûrer contre les fcrupules, que luy donnoient certains rapports, qu'une maligne ambition fçait faire gliffer, pour écarter un concurrent : à peine pouvoit-il fe réfoudre, à pardonner à un Eccléfiaftique un air trop mondain, un habit peu régulier; il vouloit que tout fût faint dans des Miniftres deftinés à former des Saints. Peutêtre que fa vigilance a été quelquefois furprife dans fon choix; mais Seigneur, vous avez toujours connu la droiture de fon cœur, & Nous M^{rs}. ne voyons nous pas que fous le régne de LOUIS, le Clergé a changé de face, qu'il y a plus de fcience, plus de capacité, plus de régularité dans les mœurs, plus de fidélité dans l'obfervance de la difcipline, plus de zele pour veiller fur le troupeau. Il femble que l'Eglife de France eft, felon l'expreffion du Prophête, un nouveau Ciel, qui donne plus de lumières, une nouvelle terre, qui fournit des pâturages plus abondants; on n'y voit plus cette ignorance, ce déréglement, cette craffe, fi j'ofe parler ainfi, de l'efprit & du cœur, qui faifoient autrefois la honte du Clergé: un coup d'œil jetté fur ce grand Diocèfe gouverné avec tant de vigilance & tant de fageffe, pourra vous répondre, que je n'en dis pas trop: les autres ne voudroient pas luy ceder en ce point, & tous reconnoiffent, que c'eft à la Sageffe & à l'au-

Ecce enim creo cœlos novos & terram.
Ifa. 65. 17.

torité de LOUIS LE GRAND, à fon amour & à fon attachement pour la Religion, que l'Eglife doit un un auſſi heureux changement.

Son attachement pour la Religion étoit un véritable zele : hé quel Prince Chrêtien, je n'en excepte ni Conſtantin ni Charlemagne, en eut jamais un plus généreux & plus ferme? car que n'a-t-il pas fait? à quoy ne s'eſt-il pas expoſé, pour défendre la Religion & réunir dans le fein de l'Eglife Catolique ceux, qui s'en font féparés? Depuis long-temps la France voyoit avec douleur le trifte progrez que les erreurs de Calvin faiſoient dans fes Provinces, elles n'avoient pas feulement fait oublier à une infinité d'ames la Religion de leurs Péres : mais les Novateurs avoient oſé renverſer les Autels & les Temples dans les quels de tout temps on avoit adoré, & s'étoient même portés à d'autres excez, dont on ne peut parler fans horreur.

Quel objet pénétrant de douleur & de pitié, pour un cœur auſſi zélé, que celuy de LOUIS LE GRAND? pouvoit-il voir une partie de fes fujets féduits par le malheur de la naiſſance, la plufpart coupables fans le fçavoir, fe repoſant dans le fein de l'erreur fur la parole des aveugles, qui leur fervoient de guides? à ce fpectacle, LOUIS ne devoit-il pas mettre en œuvre fes graces & fon autorité, pour ramener au troupeau ceux, qui n'auroient pas penfé à y rentrer, s'ils n'avoient été réveillés par la foumiſſion,

qu'ils

qu'ils devoient aux ordres de leur Souverain ? En vain LOUIS prévoit les cruelles guerres, que son zéle va luy susciter; il n'en est pas allarmé : il compte même pour peu la perte, que fera son Royaume, d'un grand nombre de sujets habiles dans le commerce & dans les arts, qui ne fuiront, qu'aprés s'être chargés de leurs riches effets : son zéle prévaut à des motifs si pressants. Il sçavoit, que les Rois sont plus obligés de travailler au salut de leurs peuples, que de donner de la splendeur à leur régne, qu'Ezéchias ne fût grand aux yeux de Dieu, que parceque plus ferme, que les autres Rois de Juda, il avoit renversé les autels, que le schisme ou l'idolatrie avoient élevés, *Ipse dissipavit ex-* *celsa.* Il sçavoit enfin, que selon l'oracle de Dieu: ses peuples ne pouvoient être heureux, qu'autant, que par son autorité, ses bienfaits & ses soins, il feroit fleurir la Foy pendant son régne, *& erit fides* *in temporibus tuis.*

4.Reg.48.9.

Isai.33.6.

Pénétré de ces maximes dignes d'un Roy tres Chrétien, & du Fils aîné de l'Eglise, LOUIS employa les remontrances, les promesses & les dons, pour gagner par la douceur de la persuasion, ce que son zéle vouloit obtenir; il envoya ses ordres dans les Provinces, & des Ecclésiastiques habiles, pour y porter à nos Freres séparés la parole de Dieu, pour leur crier comme autrefois Phinées aux Tribus de Gad &

H

de Ruben, qui avoient dreſſé un autel différent de celuy, ou le reſte d'Iſraël adoroit. Revenez à la terre, où ſe trouve le Tabernacle du Seigneur, *Tranſite ad terram, in qua Tabernaculum Domini eſt* : Habitez au milieu de nous, *Habitate inter nos*, & ne demeurez pas ſéparés du Seigneur & de notre communion. *Tantùm ut à Domino & à conſortio noſtro non recedatis.* Les Tribus ſéparées ouvrirent l'oreille aux invitations du zélé Phinées : quelles impreſſions de pareilles remontrances ne firent-elles pas de même ſur nos Freres, qui nous avoient quittés? On les vit rentrer en foule dans le bercail, & ſe ſoumettre au joug de l'Egliſe, que leurs Peres avoient porté. Graces à vôtre bonté, Seigneur, c'eſt vous, qui avez donné ſuccez au zéle de LOUIS, nous ne ſommes plus en France, qu'un même Peuple, & qu'un même troupeau: ſi quelqu'un y conſerve encore l'erreur enfermée dans ſon ſein, vous acheverez par votre grace, ce que par vôtre ſecours le zéle de LOUIS a preſque amené à ſa perfection.

Que n'a t-il pas fait de même pour proſcrire ces erreurs & ces différents de doctrine, qui de ſon temps ont troublé l'Egliſe? Vous le ſçavez, & quand vous pourriez l'ignorer, les Eloges que les Papes de concert avec les Aſſemblées du Clergé de France, ont ſur ce point donné à la fermeté de ſon zéle, publieront toujours

que LOUIS a mérité comme Charlemagne d'être appel-
lé l'épée & le bouclier de l'Eglise, & que selon l'oracle du saint Pontife qui gouverne aujourd'uy avec tant
de zéle le troupeau du Fils de Dieu, il a été le plus
puissant & le plus intrépide défenseur de la Foy Or-
thodoxe.

Mais si Rome, si la France, loüent la Religion &
le zéle de LOUIS LE GRAND, les Nations, qui ont
reçû la foy admirent avec nous la magnificence de son
zéle libéral. C'est par le secours de ses largesses, que
l'Evangile a pénétré dans les forests du Canada & dans
les Isles brulantes du nouveau monde: C'est à l'abry
de sa protection, que la Religion est tranquille dans
les saints lieux de la Palestine, c'est sous ses auspices,
que la Grece & la Perse, ces vastes Empires, ou les
Mahométans dominent, voyent les Ministres de l'E-
vangile rappeller au bercail ceux, que le schisme en
a séparés; Parcourrons les mers immenses, perçons jus-
qués dans les Indes & la Tartarie, par-tout nous ver-
rons de nouveaux Chrétiens, au souvenir des graces,
qu'ils ont reçües de notre Monarque, s'écrier; qu'il a
été le plus ferme appuy de la Religion & le plus zélé
protecteur des fidélles. *Et erit fides in temporibus tuis.*

Nous avons eu sous nos yeux, M^rs. des preuves plus
sensibles de cette vérité. Tels ont été la protection &
les secours, que LOUIS a tant de fois donnés aux Prin-

*Potentissi-
mo defenso-
re ac imper-
territo vin-
dice Ortho
doxam Re-
ligionem
viduatam
dolemus.
Clem. XI.
In consist. 23.
Sept. 1715.*

ces & aux Rois mêmes, fur lefquels de fon temps, comme parle un faint Roy, l'humiliation s'êtoit répandüe. *Pf. 106.40.* *Effufa eft contemptio fuper Principes.* On vît les uns chaffez de leurs Etats, d'autres obligez d'abandonner leur thrône venir chercher un azile auprés de LOUIS LE GRAND. Toujours fa grandeur d'ame & fa Religion concoururent à l'envy à confoler ces illuftres exilés, dont la fortune n'avoit pas refpecté la valeur, la dignité & la Majefté même. Le vit ouvrir fes tréfors en leur faveur, s'expofer pour eux aux incertitudes de la guerre, foutenir leurs intérefts aux dépens des fiens, & honorer par fa magnificence le zéle & l'attachement qu'ils avoient eu pour la Religion, & pour la Foy. *Et erit fides in temporibus tuis.*

Mais fans fortir de cette Province, de cette Ville, de cette Eglife même, mille objets nous convainquent du zéle de LOUIS. Cette Province n'a-t-elle pas veu des Bourgades & des Villes entières, invitées par la voix de LOUIS, reprendre les voyes, que leurs Peres avoient abandonnées, & par leur retour à l'Eglife, groffir le troupeau des anciens fidelles. On a veu & on voit dans ces Terres, d'ou la vraye Religion êtoit profcrite, de nouveaux temples s'élever, de nouveaux Pafteurs fe foutenir par le fecours des bienfaits de notre Monarque. En vain fes ennemis ont-ils voulu luy arracher par un traité les conqueftes de fon zéle, tou-

jours

jours elles luy ont été plus chêres, que celles de ſes armes, plus ſenſible aux intérefts de la Religion qu'à l'avantage de ſon Etat, il a cedé de redoutables forterefſes; mais il a voulu, que la paix mit le ſceau à tous les droits, que ſa piété avoit acquis à l'Egliſe.

Strasbourg a été ſur-tout le théatre, ou le zéle de ce Grand Monarque a paru dans tout ſon éclat, cette Ville ſi célêbre par ſa ſituation, ſa force, le grand nombre & le mérite de ſes habitants, par le rang qu'elle a tenu dans l'Empire, par la jalouſie de tant de Nations, qui l'envioient à la France. Par l'attention qu'à eüe LOUIS d'en confier le gouvernement à ce Genie, *ſuperieur* qui dans la paix & dans la guerre a ſcû tout à la fois gagner l'affection de la Province, la confiance de l'Etat, & l'eſtime des eſtrangers. Cette ville, ou Charlemagne & Dagobert avoient laiſſé tant de monuments de leur piété; cette ville avoit été par le malheur des temps entraînée dans une triſte & funeſte ſéparation: la nouvelle doctrine y étoit devenüe dominante, à peine étoit-il reſté aux Catholiques une retraite obſcure. Mais le Ciel ſecondant le zéle de LOUIS, a fait rentrer la Religion dans ſes anciens droits, les Enfants de l'Egliſe ſe ſont multipliés, on a veu renaiſtre ſon culte & ſa diſcipline. LOUIS LE GRAND aimoit le Peuple de cette ville, comme un Peuple de ſon acquiſition, & toujours il étoit conſolé, quand

I. Petr. 2.9.

il apprenoit, qu'il devenoit un peuple saint. *Gens sancta, populus acquisitionis.* Et cent fois, empruntant le langage de David, il benît son Dieu, non seulement parcequ'il avoit conservé à son Royaume une si puissante barriere, mais parceque la divine miséricorde, par une distinction particulière, l'avoit choisi pour faire de cette ville si forte, un azile, ou la vraye Religion pust ouvrir son sein à ceux qui l'avoient quittée. *Benedictus Dominus, quoniam mirificavit misericordiam suam mihi in civitate munita.*

Psal. 30. 22.

En effet c'est sous le régne, & par le secours de ce Grand Roy, que cet auguste Temple a rouvert ses portes au plus noble Chapitre de l'univers. C'est icy, ou les Grandeurs de l'Allemagne & de la France se réunissent, pour donner plus de splendeur à l'Eglise & rendre à notre Dieu, dont la grandeur est sans bornes, de plus grands & de plus magnifiques hommages. Quand Josüé eut fait entrer Israël dans la Terre promise, il fit élever un monceau de pierres, comme un témoignage durable de la grace, qu'il avoit reçüe. Quand vos Enfants, leur disoit-il, vous demanderont ce que veulent dire ces pierres, *Quid sibi volunt isti lapides?* vous leur répondrez, qu'elles sont un monument éternel, qui doit les faire souvenir de leur passage dans l'heureuse région, ou le Seigneur les a conduit. *Positi sunt isti lapides in monumentum Filiorum Israel usq; in æternum.* Per-

Ps. 144. 3.

Josu. 4. 6.

v. 7.

mettez-moy de vous faire une femblable demande; que veulent dire les pierres de ce faint Temple? que veulent dire ce marbre & ce porphyre, qui ornent ces autels? *Quid fibi volunt ifti lapides?* Que veut dire cette chaire, ou fi fouvent on vous annonce les oracles divins? Que veulent dire ces murs, qui renferment un fi grand nombre de fidelles, qui accourent icy avec empreffement? *Quid fibi volunt ifti lapides?* Dites-le M^{rs}. & que vos defcendants l'apprennent, que ces autels & cet augufte Temple font des monumens éternels, qui publieront aux fiécles à venir le zéle de LOUIS LE GRAND, dont la miféricorde de Dieu s'eft fervi, pour faire rentrer nos Freres dans l'heureufe région, ou fe trouve le vray falut. *In monumentum Filiorum Ifrael, usq, in æternum.*

Ajoutons un dernier trait à l'Eloge de LOUIS: & difons, que fon zéle pour la Religion ne luy auroit pas mérité l'immortelle Couronne, fi luy même n'en avoit pratiqué les maximes les plus difficiles. Ne craignons pas de rechercher icy ce que la Religion nous propofe de plus éminent: le Sage eftime fur-tout un homme, qui fçait être maître de luy même, & il le préfère à celuy, qui dompte les villes. *Qui dominatur ani-* Prov. 16. 2 *mo fuo, melior eft expugnatore urbium.* Mais Jéfus-Chrift veut au contraire, que nous dépouillant de nous mêmes, nous foyons dans les épreuves les plus rudes toujours foumis aux volontés du Maître fuprême, de qui nous attendons la récompenfe. *Ut voluntatem Dei fa-* Hebr. 10.36. *cientes , reportetis promiſſionem.* LOUIS allia ces deux maximes, en apparence fi opposées, mais qui conduifent au même terme; car quel Prince fût jamais plus maître de luy même, & en même temps plus foumis aux ordres de fon Dieu?

Maître de luy même: rien ne pût jamais le détourner de cette régularité qu'il s'étoit préfcrite, pour le bien de fon Peuple; & que fon devoir demandoit de luy. Les heures deftinées pour les confeils étoient pour luy des heures facrées, que le plaifir n'ofoit luy dérober, & que l'ennuy des affaires ne luy fit éviter jamais. Sourd aux flatteries, qui plaignoient fon travail, au deffus du caprice, qui fe plaît à varier les occupations, maître de l'humeur, qui éloigne la gêne, & la contrainte, rien ne le dérangeoit dans l'ordre, que la raifon luy avoit marqué & que fa Religion l'obligeoit de fuivre. C'eft dans la fidélité à remplir les devoirs de fon Miniftère, que Saint Paul fait confifter la fainteté d'un 2. Tim. 4. 4. Pafteur. *Miniſterium tuum imple.* Une pareille régularité dans un grand Roy n'eut-elle pas mieux mérité les éloges du grand Apôtre?

Maitre de luy même, pour fe tenir dans l'ordre; LOUIS l'étoit encore plus dans fes difcours: la Sageffe fembloit luy dicter les paroles qui couloient de fes lèvres, & nul-

le

le ne luy échappa, dont la Charité pût fouffrir. Il fçavoit, qu'une raillerie picquante, & qu'une médifance
fortie de la bouche d'un grand Prince, eft un trait mortel, qui accable & qui déféfpère. Malgré la majefté
imprimée fur fon front, on l'abordoit avec confiance,
la fageffe de fes paroles, que la bonté affaifonnoit,
en le faifant admirer, perfuadoit, qu'on avoit part à fon
eftime, & jufques aux refus, tout chez luy étoit gra-
cieux. Ferme & conftant à l'égard de ceux, qu'il honoroit de fa bienveillance, on marchoit à fon fervice dans
un terrain uni, ou il n'y avoit pas de chutes à craindre.
Quand eft-ce-que fa difgrace eft devenüe la jufte puni-
tion d'un Guerrier malheureux ? Prenant quelquefois
fur foy la faute, que le public reprochoit au Chef de fes
troupes; fa générofité triomphoit du chagrin de n'avoir
pas vaincu, parce que fon bon cœur luy avoit appris qu-
on n'eft pas criminel, pour n'avoir pas été affez habile,
pour réuffir. Délicat jufqu'au fcrupule, fur le chapitre
de fes ennemis, il les honoroit, il n'en parloit qu'avec
retenüe, & comme David, il refpectoit dans ceux, qui
fembloient avoir conjuré fa perte, la qualité d'Oingts du
Seigneur. Toujours hors d'atteinte aux furprifes de la
colère, & même de l'impatience, il ne répondoit que
par fa modération, à ce qu'on luy racontoit des murmures d'une populace aveuglée par les peines dont
elle fe croïoit accablée. On a veu des gens s'oublier en

K

sa préfence du respect, qui luy ètoit dû ; il a sçu les mauvais difcours, que d'autres tenoient en fecret, les defseins & les démarches de quelques mécontens ne luy ont pas toujours été cachez; l'honneur du Thrône & le bien de l'Etat l'ont quelquefois obligé à éloigner les uns, à faire arrêter les autres ; mais a-t-il jamais facrifié leur vie à fon reffentiment ? fouvenez vous, Seigneur, de ce grand Roy, de fa modération & de fa clémence. *Memento ... omnis manfuetudinis ejus.* Il ne paroît pas devant vous avec des mains trempées dans le fang, cent fois il a fait graces aux plus criminels, lùy refuferez vous une abondante miféricorde? pourriez vous n'accorder pas cette miféricorde à ce vertueux Monarque, qui maître de luy même, eft encore plus Grand, parce qu'il vous a été toujours foumis?

Faut-il à ce moment, que je déploye le trifte tableau de nos difgraces, qu'une glorieufe paix femble avoir effacé? faut-il, que je mette fous vos yeux l'incendie de nos flottes, la prife de nos villes, la perte de tant de battailles, une Fortune opiniatrée pendant tant d'années à fe refufer à la bravoure de nos troupes? tous ces déplorables événemens arrivez coup-fur-coup, qui fembloient avoir abbatu le cœur du François, & mis la France fur fon penchant, ces fleaux d'une Providence irritée, qui pour y mettre le comble y joignoit la contagion & la famine; tous ces cruels malheurs n'ont pû ébranler la fermeté d'ame que la Religion infpiroit à LOUIS. Sçachez, difoit-il un jour à un de fes confidens, qu'on ne mérite pas d'être Roy; & qu'on n'eft ni homme, ni chrêtien, quand après un quart-d'heure on ne fçait pas prendre fon parti : Mais quel parti prenez-vous Grand Prince? celuy de reconnoitre, qu'il étoit jufte, d'être foumis à fon Dieu, d'adorer fa juftice & de recevoir les difgraces, comme des chatimens, que nos pêchés ont mérité.

Ces grandes maximes ne foutiennent dans de grandes épreuves, que de grandes ames : mais feront-elles impreffion fur LOUIS, lors que l'affliction viendra l'attaquer, jufqu'au centre de fon cœur? je veux dire, lorsque la mort viendra luy enlever ce qu'il aimoit le plus, ce qui faifoit fes délices & fes efpérances, lors-qu'il verra ces précieux oliviers, qui étoient autour de fa table, qui faifoient fa joye, fon bonheur, la bénédiction de fa Famille, frappés d'un air contagieux, languir & mourir fous fes yeux; Dans quel abyme de douleur ces coups mortels ne plongêrent ils pas le cœur d'un fi grand Roy & d'un auffi bon Pere? Jugez-en par la confternation, qui fe répandit dans tout le Royaume, la douleur, la frayeur, l'horreur étoient peintes fur tous les vifages, LOUIS étoit encore plus qu'aucun autre pénétré de ces fentimens, mais ſa Religion le ſoutenoit toujours. Vous eſtes le maître, diſoit-il à ſon Dieu, je ſuis le vray coupable, votre bras s'appéſantit ſur moy, & je ne ſuis pas en droit, de me plaindre de votre juſtice.

Non ce n'eſt pas une raiſon profane, une philoſophie payenne, qui affermiſſoit le cœur de ce Héros à la veüe de ces accidens lugubres: ſa mort ſi chrêtienne doit nous convaincre, qu'il ne trouvoit de reſſource, que dans ſa Religion, & que la foy étoit le ſeul appuy, qui l'empêchoit de s'ébranler. Tout eſt ſaint, tout eſt chrêtien, tout parle de la piété & de la Religion de LOUIS Le Grand, au moment que la mort le menace. Le trouble, la confuſion, l'épouvante, compagnes ordinaires de la mort des Grands, qui pendant leur vie ne ſe font occupés, que de leurs grandeurs, ne trouvent pas d'accez dans le cœur de ce Grand Roy: Tranquille, lors qu'il voit en pleurs ceux qu'il avoit aimé, il ne penſe qu'à purifier ſon ame du reſte de ſes pêchés; qu'à ſe munir du ſacré viatique, qu'à ſe fortifier par l'onction ſalutaire. A peine le danger paroît-il, qu'il cherche de vrays ſecours dans les Sacremens; il les demande, il les reçoit de la main de ce Grand Cardinal, qu'il honoroit de ſon eſtime, & qui en étoit ſi digne, qu'il aimoit même avec tendreſſe, parceque le cœur de LOUIS ne ſe refuſa jamais au vray mérite: Les ſaintes paroles d'un tel

Pontife

Pontife foutenües par l'éloquence de fes larmes, pénétrêrent le cœur du malade; mais elles trouvêrent ce
cœur préparé; déja les charmes de la Cour & l'éclat
de fa puiffance s'étoient évanoüis à fes yeux, regardant
d'un œil affuré le tombeau, ou fes grandeurs devoient
être bientôt enfevelies, il ne penfoit qu'à aller porter
fa couronne aux pieds du thrône de fon Dieu. Avec
quelle confiance repofoit-il dans cette efpérance? avec
quel amour défiroit-il de faire ce facrifice? avec quelle douleur fon cœur pénitent déteftoit-il fes fautes
paffées? avec quelle réfignation fe foumettoit-il à fon
Dieu? la vie ou la mort, difoit-il, comme il plaira à
celuy, dont j'adore les volontés. Ce n'eft pas M^{rs}. une
réfignation équivoque, qu'on puiffe attribuer à l'accablement du malade; fa raifon toujours faine luy laiffoit le
moyen, de fe pénétrer toujours mieux des vérités de
fa foy. Ce n'eft pas une réfignation paffagère arrachée
fubitement, aux approches de la mort; pendant tout le
cours de fa maladie, fon langage & fes fentimens furent toujours les mêmes. Ce n'eft pas une réfignation
foible, qu'on dût ménager, en éloignant les objets, qui
pouvoient le troubler. Auffi ferme que le généreux
Mathathias prêt d'expirer, il fit venir les Princes de fa
Cour, il les exhorte à fe foumettre aux volontés du
Maître fouverain, & à fe rendre fidelles à la loy, *Viriliter agite in lege*, & il leur fait entendre, que c'eft en ce

L

point, que confiste la véritable gloire. *Quia in ipfa*

i. Mach. 2.
64.

gloriofi eritis. Mais que ne dit-il pas à cet AUGUSTE EN-
FANT, qui luy étoit fi cher, & qui eft fi précieux à la
France. L'âge tendre du Petit-Fils l'empêcha de conce-
voir toute la force des dernières leçons de l'Ayeul mou-
rant; mais monté fur le thrône, les hiftoires de tous les
peuples, & ce qu'il entendra dire à tous fes fujets, luy ap-
prendront affez, que c'eft fur les vertus de LOUIS LE
GRAND, qu'on doit fe former, quand on veut régner
en grand Roy, & mourir en Roy tres Chrêtien.

    Nous avons admiré Mrs. dans le Héros, que nous
pleurons, l'éminence de fes qualités Royales & de fes
vertus Chrêtiennes; c'eft à celles-cy, à qui eft düe la
couronne de juftice : la fainteté de fa mort nous fait es-
pérer, qu'il l'a obtenüe; l'oracle du Seigneur promet à
ceux, qui gardent fes préceptes, qu'après une vie longue,
ils termineront leurs jours dans la paix; *Præcepta mea*

Prov. 32.

*cor tuum cuftodiant : longitudinem enim dierum, & annos
vitæ, & pacem apponent tibi*. Nous avons fouvent beni Dieu, de ce qu'il a prolongé pendant tant d'années
le régne de ce GRAND PRINCE; & nous le beniffons de
ce qu'il ne nous l'a enlevé, qu'après nous avoir donné
la paix. *Et pacem apponent tibi*. Mais il n'y a qu'un
thrône éternel, qui puiffe affez récompenfer un Roy,
qui Grand par fa Sageffe & par fa Puiffance, a été encore plus Grand, parcequ'il a aimé la Religion, qu'il a

protégé l'Eglife de Dieu, & qu'il l'a édifiée en pra-
tiquant les faintes loix. *Magnus fuit fecundùm nomen
fuum, Maximus in falutem Electorum Dei.* Hâtez vous
donc, Seigneur, de luy accorder l'immortelle gloire,
dont vous couronnez vos Saints ; recevez en fa faveur
l'adorable victime, qu'un Pontife fidêle & vigilant va
achever de vous offrir.

Mais, mon Dieu, fi nos cœurs humiliés à la veüe
de ce lugubre appareil, & confternés au fouvenir de
l'affligeante perte, que nous avons faite, vous rendent
fenfible à nos befoins : ajoutez aux graces, dont vous
avez comblé LOUIS LE GRAND jufqu'au dernier fou-
pir ; ajoutez y la dernière bénédiction, que vous ac-
cordates autrefois au Chef de votre peuple, zêlé dé-
fenfeur de votre loy. *Et femen ipfius obtinuit hæredi-*
tatem. Donnez à LOUIS XV. héritier de la cou- Eccl. 46. 11.
ronne de LOUIS LE GRAND, une vie affez longue,
pour pouvoir fe perfectionner fur l'exemple de fes
vertus : faites qu'avec cette affabilité, ces graces,
cette grandeur naiffante, dont nos cœurs font déja fi
touchez, nous voyions un jour revivre en luy la pieté
& la Religion de fon Pere, la clémence & la Sageffe
de fon Ayeul, toutes les qualités heroiques de fon
Bifayeul ; qualités necéffaires pour foutenir la gloire
du thrône, que tant de Princes viennent de luy laif-
fer, & qu'il confole ainfi fon peuple, en régnant fur

nous, dans la sainteté & dans la paix: Déja la France trouve un adouciſſement à ſa douleur dans la Sageſſe, le zélé & l'élévation du génie du GRAND
PRINCE, à qui elle ſe voit confiée : à la multitude de
ſes talens & à ſon mérite ſi ſupérieur, qui le rend ſi
digne de la place, que ſa naiſſance luy donne, ajoutez
Seigneur, les ſecours d'une providence attentive à ſe-
conder ſes juſtes & glorieux deſſeins.   Vous ne les re-
fuſerez pas, mon Dieu, à un PRINCE chargé de former
un jeune Roy, le Fils aîné de votre Egliſe, & de régir
un Royaume, dont les intereſts ſont ſi étroitement
unis à ceux de la Religion.

9 782019 914233